কবিতা সংকলনঃ

প্রথম খন্ড

স্বপ্নদীপ ঘোষ

NOTION PRESS

India. Singapore. Malaysia.

সময়ের সঙ্গ দেওয়া সকল মানুষ ও সকল পাঠকদের

কবিতাগুলি

আঁধার

জানে এই রাতের আঁধার, জানে এই শহর;
জানে এই নিস্তব্ধতা, জানে এই প্রহর।

কত নিশি না ঘুমিয়ে পারি দিয়েছে;
দীর্ঘ এই প্রহর।
কাটে না নিশি, কাটে না প্রহর।
আসে না ঘুম আজ নয়নের কোণে।

বিছানা টা ছেড়ে এসে জানালার পাশে বসে,
লিখেছি আমি কত-শত কাব্য কবিতা গান।
গেয়েছি এক মনে ছন্ন ছাড়া তালে।
কেঁদেছি তোমায় ভেবে, চোখ মুছি নি আমি শুকিয়েছে বলে।

জ্বলন্ত সিগারেটের নিকোটিন এর ধোঁয়ায় বিস্তীর্ণ হয়ে আছে মস্তিষ্ক।
ক্লান্তির সাথে তোমায় নিয়ে ঘুমোতে চেঁয়েছিলাম,
আধো ঘুমে জেগে উঠে তোমাকে দেখলাম।

দেখলাম সেই অরুন্ধতী প্রবাদ,
দেখলাম সেই নিম্লোজীত মোহর।

আমি আবার জেগেছি,
জেগেছি আমি তোমায় দেখার তৃষ্ণায়।

কবি

কবি একটু আনন্দ দাও
কেন বৃথা চেষ্টা করো ভাঙতে
গড়তে।
কবি একটু স্বস্তি দাও কলমকে।
সমাজ, রাজনৈতিক,
শাসন, সামাজিক গঠন
এ তোমার জন্য নয়।
কবি তুমি যুদ্ধ করো কলমে
আন্দোলন করো কলমে
পিটিয়ে মারো কলমে
এত যে পরিশ্রম করাও তাকে
একটুতো বিশ্রাম দাও।
খাতার ওপর লড়াই করতে করতে পরিশ্রান্ত সে -
মুক্ত করো, মুক্ত করো দাসত্ব থেকে।
কবি তুমি কেন আয়না করো
কবিতাকে?
দর্পণ তো আছে।
কবি তুমি তোমার আবিস্কার গুলোকে
বিশ্বের দরবারে ছড়িয়ে দিতে চাইছ তো?
পরিবর্তন করতে চাইছ তো চিরাচরিত প্রথা?
পারবে?
পারবে না বোধ হয়।
যদি পারো তাহলে একটু শক্তি দিও আমায়।
আমিও কলম দিয়ে লড়াই করব।
সমাজের সাথে

কুসংস্কার গুলোর সাথে।
দেবে?
যদি দাও, তাহলে কলমে ভরে দিও তোমার রক্ত -
একটা সাদা খাতা দিও।
তাতে আমি লড়াইয়ের ময়দান করব।
কবি রাগ করে কলমের ওপর অত্যাচার করো না।
ও যে তোমায় বড় ভালোবাসে।
আমার ওপরেও রেগে যেও না যেন।

হারাবো কোন এক ভোরে

হয়তো কোন এক সকালে
মাঝ নদীর এক নৌকাতে,
হারিয়ে যাব সেই ভোরে
নিয়ে সঙ্গী করে তোমারে।

হারিয়ে যাওয়াটা ভুল করে
নিজেরে নিয়ে যাব সুদূরে,
যেখানে হারালে পাবে না কেউ
খাঁ খাঁ মরুভূমির এক প্রান্তরে।

চারিদিকে বালির ঐ সমুদ্রে
হারাবো না নিশ্চয়ই ভুল করে,
সমাজের কাছ থেকে অনেক দূরে
জীবন সাঁজাবো ভিন্নতা দিয়ে।

সোনালী ক্যানভাস

হারিয়ে ফেলেছি আমার দুরন্ত দিনকটি,
ফেলে এসেছে সেই আদ্র স্মৃতি;
বসেছি আজ ফেরারি পথে,
স্মৃতির ক্যানভাসে ঘোলাটে দৃষ্টে।

মায়ের কলের সেই নরম উষ্ণতা,
জাপটে ধরে, শাড়ির কুঁচে;
পরম স্নেহের নিভৃত আড়ালে!

হারিয়ে এসেছি শৈশব,
হারানো ওই মুগ্ধ কলরব!

উষা দিগন্তে, সোনালী আভার বিকাশে;
কালো কাটিয়ে, আলো ফোটে;
সেই তো আগেরই মতো
আমি কেন পাই না সেই,
মিষ্টি ভোরের সোনালি সময়!

কেবলই আজ চেয়ে থাকা,
আসছে নবীন ভেঙে নম্র শুভ্র সোনালী পাতা!

ছায়ামূর্তি

আমি ছায়ামূর্তি হয়ে তোমার স্বপ্নে আসবো
স্বপ্নরা তখন ক্লান্তি দুপুরে রুদ্রের মিছিলে
প্রেম সাগরে নিলীন হবে

আমি অপলক দৃষ্টিতে তোমায় দেখবো
নিষ্পাপ চেহারার পূর্ণ রূপের ভাঁজে!

আমি সকাল সন্ধ্যা তোমাতেই হারিয়ে যাবো
খুঁজে পাবো নতুন এক জগৎ
যেথা ক্লান্তিবিহীন ভালোবাসার রূপে
স্বপ্নচারীরা পিরিত প্রণয়ে
তোমার হৃদয় মাতাবে!

তুমি লাজুক লতার মতো নিজেকে গুটিয়ে নেবে
আমি আলতো হাতের স্পর্শে
তোমার স্বপ্নের আলোয়ে রাত নিশিতে
অবিরাম প্রেম কাননের ফুল ফোটাবো।

আমি একা নই

আমরা আপন কাকে বলি?
পথে হাঁটতে হাঁটতেই একসাথে চলি;
আমরা আপন কাকে বলি?

আত্মায় আত্মায় মিলন ঘটে
চলতে চলতে পথে;
পরই আপন হয় ভাবনার মিলন হতে।

হাতে হাত রাখি বুকে রাখি বুক,
অপলোকে তাকায়ে দেখি তার মুখ,
অপূর্ণ পূর্ণ হয়, আহা- বড় সুখ!

ভাবনার জাল বুনি একা বসে ঘরে,
বুঝি- আমি একা নই,
চারিদিকে আপন রয়েছে ছড়িয়ে-ছিটিয়ে।

ভালোবাসা হয় না পাওয়া

ভালোবাসা হয় না পাওয়া
ভালোবাসা যদি হয় চাওয়া,
সমবেদনায় দিনগুলো বয়ে যাওয়া,
ভালোবাসা হয় না পাওয়া।

ভালোবাসা লুকানো সবার মাঝে,
ভালোবাসা ভাসে অনেকের চোখে,
ভালোবাসা কখনো শরীরে ঢাকা;
খোলা আকাশে নীল চাদরে আঁকা।

ভালোবাসা হয় না পাওয়া,
ভালোবাসা যদি হয় চাওয়া!

ভালোবাসা আজ কথার কথায়,
খুঁজে আমি পাবো, কবে, কোথায়?
একদিন তো আমি যাবো চলে;
ভালোবাসা কি সেইদিন তবে
আসবে কাছে দলে দলে?

ভালোবাসা হয় না পাওয়া,
ভালোবাসা যদি হয় চাওয়া!

কেন? আজও হয় না পাওয়া?

আর তাই–
ভালোবাসা না পাওয়ার
এই গান গেয়ে যাওয়া।।

নতুনের আগমন

নতুনের আগমন পুরাতনের বিদায়
বারবার আসো তুমি এই জগতে নতুন রূপে
মানুষের স্বপ্ন আকাঙ্ক্ষা বয়ে আন তাদের কাছে!
পুরনো দিনের খারাপ স্মৃতি ভুলে যেতে চায় তোমাকে ধরে
আগামী দিনের জীবন যুদ্ধে সফলতা আশা করে
এই দুর্বল সমাজ মেটাবে কি তার চাহিদা কে?
শিক্ষিত যুবক নেই কোন আশা চারিদিকে শুধু নিরাশা
আশ্রয়হীন মানুষগুলো ফুটপাতে রাত্রিযাপন করে
ছিন্ন বস্ত্র শিশুদল রেল স্টেশনে ভিক্ষা করে
খিদে পেটে বৃদ্ধ মানুষ রাজপথে ঘুরে মরে
তাদের জীবনে পুরাতন আর নূতনের নেই কোন তফাৎ!

দৃষ্টি

মেঘের ফাঁকে দৃষ্টি দিলে
গুড়ো মেঘের ফালি,
রয় তাকিয়ে আতশি মেঘ
ডজন ডজন হালি।

গাছের ডালে দৃষ্টি দিলে
মিষ্টি হাসে লতা,

পাখির যত কলকাকলি
শোনায় কত কথা

দূর অজানায় দৃষ্টিসীমা
ফেলে কত ছায়া,
দৃষ্টিগুলো পেছন গেলে
সৃষ্টি করে মায়া।

মৃত্যু

মৃত্যুর সার্টিফিকেট নিয়েই মানুষের জন্ম
মৃত্যু ভয়ে পালিয়ে কোন লাভ নেই
এতে চরম কাপুরুষতা প্রকাশ পায়।
বরং মানুষের উচিৎ সর্বত্র মৃত্যুকে
বরণ করার যোগ্যতা অর্জন করা
তবেই মৃত্যুকে আলিঙ্গন করা সহজ হবে।

বেদনা

পূর্ণিমা চাঁদ আলো করে রাখে
এই পৃথিবী সারা রাত্রি,
তোমাকে ভালোবেসে সবি হারালাম
হলাম অজানা পথ যাত্রী।

বুঝলেনা কেন বুঝলেনা
আমার কি যে যন্ত্রনা
মনের দরজা খুলে কখনো কেন
দিলেনা আমায় সান্ত্বনা।

জীবনপুরের পথিক ছিলাম
চলছিলো তো বেশ
প্রেম মানেই শুধু বেদনা
হলাম একা শেষ।

এখন কি আর করার আছে
চলে গেছি বহু দূর
বার বার কেন হৃদয়ে বাজে
বেদনারই সুর।

দেখা দিক

চলে যাবি বলে...
কত ছুতো, কত অজুহাত
আড়ালের সিক্ত অঞ্চল
হেরে তবু ফিরে চাওয়া
কত প্রশ্ন কত ফরিয়াদ।

গড়ে ফের ভেঙে ফেলা
একদিন সব স্মৃতিগুলো
দূরে যেয়ে ফিরে আসা
যেন কার অবিরাম খেলা।

যত ছিল আলাপ প্রলাপ
যাবতীয় ঋণ্ লেনদেন
হাসি গান মধুর যাপন
বারো মাস গুনেছে হিসেব।

মিছে চাওয়া তবু ফিরে
যেন কার চিহ্ন ঘিরে...
ঘুঁচে গিয়ে জন্মের দায়
বারংবার ফলেছে বিদায়।

তুই বুঝি এলি গেলি
গন্ধ রেখে নুতনের শত
জীর্ণ বলে দিলি ছুড়ে
ছেড়া ঐ পুতুলের মত...

নতুন বই

কুয়াশা আদর পৌষের ভোর
রবির কিরণ ফোটে,
জাবির সোনা এ চাঁদের কণা
স্কুলের পানে যে ছোটে।

নতুন বইয়ের মৌ মৌ ঘ্রাণ
খুশিতে পাগল মন,
প্রজাপতির রঙিন ডানায়
উতলা আলোক বন।

বিশ্ব জয়ের স্বপন হৃদয়ে
জ্ঞানের প্রদীপ জ্বালি,
মায়ের প্রেমেতে প্রত্যয়ী মন
দেব সুখ জলাঞ্জলী।

সম্মুখের সব ময়লা ধুলো
সবাই করবো সাফ,

নোংরা যারা করবে তাদের
করবো না আর মাফ।

শ্রেণীর সকল বন্ধু আমরা
ভাই-বোন মিলেমিশে,
গড়বো প্রিয় সোনার বাংলা
মনে-প্রাণে ভালোবেসে।

আমি যে খুন হয়েছি

এক সর্বনাশী মায়াবিনীর
বাঁকা তীক্ষ্ণ ফলার আঘাতে
ক্ষত বিক্ষত হৃদয়ে
আমি যে খুন হয়েছি।

তাহার মিষ্টি গোলাপি ঠোঁটের
মায়া ঝরানো হাসির ঝলকে
মন আমার হনন করেছে এক পলকে।

তাহার আলতা রাঙানো
রূপসী পদ ছাপে
দাগ কেটেছে আমার বুকে।

তাহার কথা ভেবে ভেবে
কত যে রাত কেটে যায় আমার
নির্ঘুমে কল্পনার জগতে।

ছলনাময়ী মায়াবিনী
খুনি হতে পারে
তা ভাবতে পারিনি।

আজ বুকে হাত দিলেই
শূন্যতা অনুভব করি।
বড্ড একা একা লাগে।

এ যে প্রাণ শূন্য নিথর দেহ
জীবন থাকিতেও মৃত।
তাই বুঝে উঠেনি কেহ
আমি যে খুন হয়েছি।

অব্যাক্ত কথা

অসময়ে অবুঝ মন
বসে আছে বেকার,
স্মৃতি জড়ানো পাতা বুকে নিয়ে
নিস্তব্ধ হাহাকার।

ভেবে যাই শুধু
একটি মাত্র কথা,
যা বোঝাতে গিয়ে কাউকে
পেয়েছি শুধু ব্যথা।

কে শুনবে অশান্ত মনের সেই নিস্তব্ধ বাণী?
উদাস সময়ে, উদাস মনের, উদাস ইচ্ছেখানি?

ব্যস্ত জীবনে চারিদিকে শুধু
মরীচিকার ছায়া,
কোথায় যেন হারিয়ে গেছে
সবার মুখের মায়া।

অত্যাধুনিক জীবনে আজ
কথা শোনার সময় নেই কারো,
একা বসে নিরালায় তাই
সব গল্প হয় জড়ো।

হতে হবে ইঞ্জিনিয়ার,
নয়তো ভালো ডাক্তার,
কেউ তো বলে না
হও তুমি তা
যা ইচ্ছে তোমার!

আমার ও ইচ্ছে আছে,
নিজের মতো হবার,
তবে কেন অযথা চাপ
দাও আমার মাথায়!

যাই হোক, কি আর করার!
সবাই চায় একই গল্প, নয়তো ভিন্নতার।

ইচ্ছেগুলি সাদা কালো আজ
বাস্তবতার স্পর্শে,
সবকিছু আজ ব্যর্থ যেন
ভালো না লাগার মর্মে।

মনকে তাহলে দুঃখিত বলে
গলা টিপে ইচ্ছা কে,
আমি না হয় সফল ই হবো
সার্থকতা কি হবে?

জীবন যে তোর সাথেই বাঁধা

ও যদি তোর মনের ঘরে - ভালোবাসা উঁকি মারে
চলে আসিস আমার তরে - আমিই; ভালোবাসিস যারে।
যদি রে তোর মনে জাগে - দেখতে আসিস আমায় ছাদে
বুঝবি তখন মন কি মাগে - হাতে ধরে নেবো চাঁদে।
ও যদি তোর মনে কভু - সন্দেহেরী দানা বাঁধে
থাকবো পাশে তোর-ই তবু - ভালোবেসে তুলে কাঁধে।
যদি রে তোর মনে লাগে - আমি নই সেই তোরি আপন
বলে দিস্ তুই সবার আগে - চলে যাবো করছি যে পণ।
যদি রে তোর মনটা বলে - বাঁধবি কি ঘর আমার সাথে
যেমন আসিস তেমন চলে - থাকবো সাথে দিনে-রাতে।

প্রেম এসেছিলো

তোমার চোখের মায়াবী চাহনি
আমার মনে তীরের মত বিঁধে,
কাজল কালো চোখে যে জাদু করেছ
তার মায়াবী জালে আজ আমি পাগল।
এলোকেশী চুলের সুবাদি গন্ধ
আমার শরীরের শিরা উপশিরাতে।
লাল লাল ঠোঁটে আলতো আলতো বলা
উদীয়মান ভালোবাসা হয়েছে গভীর॥

আমার চোখে তুমি

কত্তসব নিঁখুত নিঁখুত সাঁজ,
যেন তোমাতেই পুঞ্জীভূত মহাবিশ্বের সমস্ত রূপ...
এমনটি আর কোথাও মেলে না-
তোমার সৌন্দর্য সকালবেলার মত অতসী ফুলের মত হলুদাভ সোনা,
তারপর গাঢ় টকটকে লাল অর্ঘমা।
সরু পাড়ে শুভ্র বর্ণের শাড়ি,
তনু দীর্ঘ দেহ, শ্যাম বর্ণ, প্রশস্ত ললাট,
চোখের স্বচ্ছতায়, ঠোঁটের ভাবের সৌজন্যতায়-
আর হাসির সরলতা-
যেন জ্ঞান আর ঐশ্বর্যের মহা মিলনক্ষেত্র,
আমায় বারবার টানে,
যেমন করে যমের ডাক মৃত্যুপানে!
মাঝারি সারির চুলছাড়া বিশালাক্ষী
কাজলকালো টানা আঁখি,
যেন সরবোর থেকে সদ্য তোলা কোন প্রস্ফুটিত পদ্ম-
উৎসজলের উৎফুল্লতা সাঁইসাঁই করে ফুঁসে ওঠে...
যেন ধরার ধুলিতে আকাশের চাঁদ!

বিবর্ণ আকাশে একটুকরো মেঘ হবি?
দৃষ্টির উঠোনে জ্যোৎস্নায় রাত পোহাবি...
মেঘ নুইয়ে এক পশলা বৃষ্টি হয়ে, "ছুঁয়ে যাবি?"
লেগে থাকবি বৃষ্টিধোঁয়া পরশ মেখে?
ছুঁয়ে যাবি আলতো করে?
আমার চোখে, মুখে-ঠোঁটে...

তারপর ঐ দূরের আকাশ হয়ে-
মাথার উপর মস্ত বড় ছাঁদ হবি?
সমুদ্রের বুকে আজন্ম আকাশ হয়ে রবি?
কখনো রোদ, কখনো বৃষ্টির অজুহাতে আমায় ছুঁয়ে যাবি?
এই আটপৌরে জীবনে শুধু আমার হয়েই রবি...
বলনা, তুই কি আমার একলা আকাশ হবি?

তুমি যে আমার মাদকতা

তোমার জন্য আমি
নেশা ছাড়াই মাতাল,
তুমি জীবন মরণ
তুমি সারাটা কাল;

তোমার স্নিগ্ধতায় আমি
সুস্থ মস্তিষ্কে বেতাল,
তুমি আমার সুখ বোধ
তুমি যে মায়াজাল;

তোমার নিষ্পাপ মুখ
ভরে দেয় বুক,
তোমার একটু ছোঁয়া
ছড়ায় নেশার ধোঁয়া;

তোমার তনু মন
সুধায় ভরে ক্ষন
মগজে ধরায় নেশা
তুমি যে আশা জাগানিয়া
তোমার জন্য হারায় দিশা।

আমি তুমি

তুমি হলে রাতের আকাশ
আমি হলাম তারা
তুমি হলে শান্ত নদী
আমি হলাম ধারা।
তুমি হলে গোলাপ ফুল
আমি তার গন্ধ
তুমি হলে মনের গান
আমি তার ছন্দ।
তুমি হলে জীবনমুখী
আমি তার আশা
তুমি হলে বেদনাহীন
আমি ভালোবাসা।

আমার ঘুম আসে না

ঘুমের দরজায় আজ তালা লাগানো
ও আজ করছে রাত্রি জাগরণ
এতো আতসবাজি!
বাহারি খাবারের আয়োজন।
চারিদিকে কি লোভনীয় স্বাদের গন্ধ!
পথ শিশুর তাতেই কি পেট ভরে?
আফিমের নেশায় বুদ হয়ে আছে
যে বেকার ছেলেটি সুন্দর স্বপ্ন নিয়ে
সেও কি ভুল দেখে?
রক্ষকই যখন ভক্ষক হয়
বিপ্লবীও কি উদাসিনতায়

পাঁচ তারা হোটেলে স্যাম্পেন হাতে
দেখে লাস্যময়ী বালিকার নগ্ন দেহ?

ক্ষুধার্ত কুকুরটাও
ঘাতক পিতার চেয়ে ভালো
ভালো, পতিতা পুরুষ বা মহিলা
মিথ্যাবাদি প্রতারকের চেয়ে।
পাঁচশো টাকার বিনিময়ে
লাশ হয় যেখানে জ্যান্ত মানুষ।
ত্রিশ বছর পার করেও
অবলিলায় বলে দিতে পারে
তোমার সাথে আমার যায় না
এই তো মন! এইতো চাহিদা!
একটা মুহুর্তের জন্যও নেই
শরীর বা মনের নীরাপত্তা
সেখানে কি করে ঘুম আসে
বলো?

হে আমার ধর্ম যাজক
আমার ঘুম আসে না
দুর্বোর ডগায় যেমন শিশির দোলে
আমার মনের কমলেও তেমন
বিশ্বাসের আনাগোনা
সূর্যের আলোতেই তা মিলিয়ে যায়
বিশ্বাসহীনতার চাদরে লেপ্টে থাকা মন
কি করে ঘুমকে করি সমর্পণ!
বলো হে আমার ধর্ম যাজক
আমার ঘুম আসে না।

কেবলি তোমার জন্য

হোক না কেন দিনের শেষে
এলাম তবু তোমার মনে
পেজা তুলায় ভেসে।
নতুন বর্ষের এ শুভ ক্ষণে
পুলক জাগে হরষে
তোমার সোহাগ টানে।।
হাতখানি তাই বাড়ায়ে দিলুম
ভালবাসার পরশে।
শূন্য আমি পূর্ণ হব -
তোমার প্রেমের প্রতিদানে।
জীবন মম হবে যে ধন্য
কেবলি তোমার জন্য।

তুমি চাইলে

বালিকা তুমি চাইলে
তোমার সাথে একই পথের পথিক হব
বালিকা তুমি চাইলে
আমি সকালের ঘুম ভাঙ্গানো পাখি হব।
বালিকা তুমি চাইলে
তোমার জন্য বট বৃক্ষ হব, তোমায় ছায়া দেব।
বালিকা তুমি চাইলে
মেঘলাকাশকে নীলাকাশ করে দেব।
বালিকা তুমি চাইলে
সারারাত জেগে তোমায় পাহারা দেব।
বালিকা তুমি চাইলে

আমি ভোরের শিশির হব।
বালিকা তুমি চাইলে
রোজ সকালে পাখি হয়ে তোমায় গান শোনাবো।
বালিকা তুমি চাইলে
উড়ন্ত মেঘকনা কে তাড়িয়ে দেব।
বালিকা তুমি চাইলে
বর্ষার ঝিরিঝিরি জল পড়াকে থামিয়ে দেব।
বালিকা তুমি চাইলে
ঝর্ণার ঝর ঝর শব্দকেও বন্ধ করে দেব।
বালিকা তুমি চাইলে
নদীর কূল-কূল শব্দকে বিলিন করে দেব।
বালিকা তুমি চাইলে
বৃষ্টির আগেই না হয় রংধনু একে দেব।
বালিকা তুমি চাইলে
পৃথিবীর বুকে তৃতীয় বিশ্ব যুদ্ধো বাঁধিয়ে দেব।
বালিকা তুমি চাইলে
নতুন করে আবারও ইতিহাস গড়ব।
বালিকা তুমি চাইলে
আমি চির সুখী হব।
বালিকা তুমি চাইলে
তোমার সব অপরাধ, আমার ঘাড়ে তুলে নেব।
বালিকা তুমি চাইলে
তোমায় একশত সতেরটি নীল পদ্ম এনে দেব।
বালিকা তুমি চাইলে
তোমায় কলঙ্কহীন চাঁদ এনে দেব।
অতপরঃ

বালিকা তুমি চাইলে
এই আমাকেও তোমায় দিয়ে দেব।

ঘরে ফেরার পথ

ঘরে ফেরার পথ রুদ্ধ করো না,
দরজাটা খুলে দাও।
প্রচন্ড শীতে জবুথবু আমি
দাঁড়িয়ে দেওয়ালের এপাশে;
বাইরে খোলা আকাশের নীচে।
হিম হিম কুয়াশা আর বরফের কুঁচি
ঝরছে মাথায়।

আমি তো ফিরেই আসি বারবার
তোমার সব কথা শুনবো বলে;
কিছু কথা বলবো বলে।

বুঝে নিও

নিশি রাতে ছেড়ে দিলাম মনের অমোঘ নেশা
তোমা পানে; নিও খুঁটিয়ে গোচরে
দেখ যেন তোমার না লাগে নেশা
থেকো মুখ লুকিয়ে প্রচ্ছদের আড়ালে
চাঁদকে বলো তাকাতে ভুল দিকে
রহিত করে তার কিরণ না হয়ে বিবর্ণ
তবে হয় যেন সুবোধ, সুমধুর ও সুবর্ণ।

আঁধারে থেকো জোনাকি তুমি যেওনা আলোয়
চিক চিক আলো দেখাতে হবে করো নাকো ভয়।

বৃষ্টি নেমেছে

দেখো বৃষ্টি নেমেছে
বিদগ্ধ পৃথিবীটা পরমানন্দে স্নানরত
জলকেলিতে মত্ত জীবন সব
অনেক দিন পর আজ এল বৃষ্টি
অনেক অপেক্ষার পর
সব কিছু শান্ত করবে বলে
মুছে দিতে সব কষ্ট অপার।

আমিও আছি দাঁড়িয়ে
অধীর অপেক্ষায়- তুমি আসবে বলে
সাজলো বুঝি এই ধরণী
এখনই উঁকি দেবে এক ফালি চাঁদ
বৃষ্টি থামলেই- তুমি আসবে
দিয়েছিলে কথা, কোলাহল শেষে।

দেখো বৃষ্টি নেমেছে
আর বৃষ্টি এলে মনে পড়ে খুব
বলেছিলে একদিন রেখে হাত হাতে
যতগুলো বৃষ্টি মুঠো পেতে নেবো
ততগুলো আমার
আর যতগুলো রইবে অধরা
সবগুলো তা তোমার জমা
আমাকে দিতে উপহার
ভালবাসা একরাশ।

দেখো বৃষ্টি নেমেছে
বাড়াও হাত একটু
অনুভব করো দু'টি চোখ বুজে,
আমিও আছি বাড়িয়ে হাত
দু'হাতে আগলে ধরবো বলে;
দেখো কি ভীষণ বৃষ্টি
চলো বৃষ্টিতে ভিজি॥

তোমার বসনে

তোমার বসনে মুখ লুকায়েছি
তোমাতে দেখেছি রোদ;
তুমি যে আমাকে আপন করেছ
আজ নেব প্রতিশোধ।

তোমার মুখেতে মধুর সে বাণী
ভালোবাসি আমি শুধু;
কত কথা মনে নীরবেতে আসে
তোমাকে শোনাব বঁধু।

ভাললাগা না ভালবাসা

শুধু এক পলক তোমায় দেখবার ব্যকুলতা; তোমার মুখের কথা;
শোনবার তীব্র আকাঙ্খা!
জানি না একি ভাললাগা না ভালবাসা।
একটু একটু করে কয়েক বছর কাটিয়ে দিলাম।
কোনদিন জাগেনি আমার মনে বাসনা তোমার মনে কি আছে তা
বুঝবার!

হঠাৎ আজ বড় ইচ্ছে করছে তোমার মনের কথা বুঝতে।
তোমার মনে কোন দিন ছিল কি আমার প্রতি ভাললাগা?
জানি না একি ভাললাগা না ভালবাসা!
আকাশের মতো বিশাল স্বপ্ন দেখতে আমি চাই না।
চাইনা তোমায় নিয়ে স্বপ্ন দেখতে আমার ভালবাসার জগতে!
কেননা আজো জানি না তোমার হৃদয়ে;
আছে কিনা আমার জন্য বিন্দুমাত্র ভালবাসা।
তবু ভাল লাগে তোমায় নিয়ে ভাবতে!
জানি না একি আমার ভাললাগা না ভালবাসা।

আলাপন

চোখের আড়ালে থাকো তুমি
হৃদয়ে করো বিচরণ,
ভাবনায় এসে নাড়া দিয়ে যাও
জাগাও অনুভূতির শিহরণ।

কথা ছিল দেখা হবে পাশাপাশি বসা হবে
কাঁধে কাঁধ রেখে হবে আলাপন,
অপেক্ষার ক্ষণ কেটেছে চক্ষু শীতল হয়েছে
স্পর্শ পেয়ে প্রশান্তি হল মন।

পাহাড়ের আকা-বাকা পথ ধরে
উচু-নিচু রাস্তা পাড়ি দিয়েছি
পাশাপাশি বসে দুজন,
আমি ছিলাম চুপটি করে নীরবে,
তুমি কানে-কানে ফিসফিস করে
কথা বলেছিলে তখন।

যেখানে তোমার যাওয়ার বাসনা
সেখানে আমার তো নেই মানা,
শুধু সাই দিয়েছি তোমার চোখে তাকিয়ে,
হলো দুজনার ইচ্ছে পুরন।

পাহাড় নদী যেথায় মিশেছে
সেথায় গড়ে নিয়েছি মনের ভুবন,
মনের অগোচরে রয়ে যায় কিছু কথা
তবুও স্মৃতি হয়ে বেঁচে থাকুক
তোমার আমার পার্কের আলাপন।

আ ম রা

সেখানে 'আমরা' আর যাইনা-
সেখানে তুমি আর যাওনা...
সেখানে এখন শুধু আমি আছি!
সেখানে আছে শুধু স্মৃতিতে মোড়ানো বিষাদের ঘর,
ক্লান্তি ধরে, তবুও ছাড়তে পারিনা,
থেকে যায় মৃত অপ্সরা'র টানে...
ক্লান্তিরা জানে-
চলে গেলেই রয়ে যাও।
রয়ে যাও, থাকা না থাকার সমস্তটাজুড়ে!
আমি সেখানে রোজ দাঁড়িয়ে থাকি...
তুমি যেদিন বলেছিলে আসবে, সে থেকে!
দাঁড়িয়ে আছি সমুদ্রের বুকে আকাশ হয়ে-
রোদ, বৃষ্টি-ঝড় কখনোই আমাকে স্পর্শ করতে পারেনি!

জ্যোৎস্না রাতের ঘাঁইহরিণী মৃত্যুর মত যমের টান-
অষ্টপ্রহর খুব করে তোমার স্পর্শ খোঁজে!
তুমি না হয়, ইচ্ছে করে না-ই আসলে!
আমি না হয়, অপেক্ষা করি
বেঁচে থাকবো প্রেমিকার অপেক্ষা হয়ে...
এটাই বা ক'জন পারে বলো?
সেখানে আর তুমি আসোনা...
সেখানে আর 'আমরা' যাইনা!

এমনটি খুঁজে কোথাও পাবে না কেহ,
যেমনটি দিতাম আদর, ভালবাসা আর স্নেহ!
অথচ, তোমার আমার আমিকেই, "আমি ছুঁতে পারিনি!"

প্রেমের জালে

তোমাকে ভালোবাসী বলেই দুঃখ দিলে,
কষ্ট দেবে ভেবেই আপন করে নিলে।
মিথ্যে প্রেমের মায়ায় তুমি আমায় জড়ালে,
শুধু শুধু আশা দায়ে মনটা ভরালে।
চোখ মেলে দেখো স্মৃতির প্রদীপ জ্বেলে,
জীবনের বড় ক্ষতি তুমি করে গেলে।
বিরহী মন কাঁদে শুধুই অন্তরালে,
ভালোবাসার মিথ্যা মালা গলায় পড়ালে।
মায়ায় জড়ালে তুমি অশ্রুজল ঢেলে,
এক পলকে চলে গেলে সবকিছু ফেলে।
ভালোবাসার দাবী নিয়ে সামনে দাঁড়ালে,

কাছে টানবে বলে দুটি হাত বাড়ালে।
কষ্ট দিতেই বন্দী করলে-
মিথ্যা প্রেমের জালে।

প্রাণ ভরে চাই ভালোবাসা

প্রাণ ভরে চাই ভালোবাসা
অচিন্ত্য সরকার

দুঃখ সুখের মিশ্র রাগে বিদায়ের সানাই বাজে
পাওয়ার খুশি হারার ব্যাথা কাজে ও অকাজে,
সময় ধারার স্রোতে ভেসে
পুরনো গিয়ে নতুন আসে,
স্মৃতি গুলোর লুকোচুরি বাদামি পাতার ভাঁজে।

কচিপাতার অঙ্গে ছিলো আলো রঙের শাড়ি
মাতাল হাওয়ার খুনশুটির চলতো বাড়া বাড়ি,
ফাগুন ছিলো পলাশ রাঙা
খেলা চলতো কুমির ডাঙা,
দারুণ শীতের পড়লো নজর সুখের সাথে আড়ি।

আসা যাওয়ার চক্র রেলে, ছন্দ মেনে এগিয়ে চলা
পেন্ডুলামের নিকতি মেপে বাড়ে কমে চন্দ্র কলা,
আলোর সাথে সখা আঁধার
জীবন লুডো যে মস্ত ধাঁধাঁর,
লাভ ক্ষতির সহজ হিসেব সহজ করে যায় না বলা।

কক্ষপথের শেষ শুরুটা মোটেই চেনা সহজ নয়,
একের শেষ হলে পরে অন্যে পায় শুরুর অভয়,

দারুন শীতের রিক্ত ডালে
নতুন পাতা ফাগুন কালে,
যায় না কিছুই চিরতরে, শেষের পরেই শুরু হয়।

সরণ শূণ্য কক্ষপথে সবাই সমান দূরে আছে বসা
জীবন শ্বাস বয়ে চলে দু'টো মিলেই-যাওয়া আসা,
ঝরবে জেনেই ফোটে ফুল
বৃথাই খোঁজা ঠিক ও ভুল,
চক্র কালের দ্বন্দ্ব ভুলে, প্রাণ ভরে চাই ভালোবাসা।

এস আজ তবে

এসো প্রিয়, ভুলি সকল পুরনো দুঃখ-ব্যাথা, মান অভিমান,
হাতে হাত রেখে নতুনেরে করি বরণ, গাই সুখের গান।

এস আজ তবে শিশির ভেজা ঘাসে একসাথে চলি দু'কদম,
চোখে চোখ রেখে পদ্মদিঘীতে সাঁতরে করি পরিভ্রমণ।

এস আজ নাহয় হলুদ গাঁদা ফুল হয়ে ফুটি,
সুগন্ধ সুরভীতে কুয়াশা চাদরে হয়ে রই মাখামাখি।

এস প্রিয় স্নিগ্ধ আবেশে জোছনা স্নাত হই,
ঊষাদয় কালে লাল মেঘের ঢালে আকাশে ভেসে রই।

চল আজ যত বাগিচা শত বৈকালিক ভ্রমণে,
গোধুলী প্রাতে মিলি আবেগে পরম সূর্যাস্ত ক্ষণে।

এস আজ নুতনের কেতন উড়াই গগন পানে ধেয়ে,
পুরোনো চির থাক স্মরণে শিক্ষকের মান নিয়ে।

অভিমান

এই নীরস ভুবন এক সময় ছিলো যে রঙ্গিলা প্রজাপতি,
আমার মনের নভেঃ সদা ঘোরপাক খেতো শরতের সাদা মেঘ
নদীর ধারে ফুঁটতো কাশফুল, হেমন্তে পিঠা আর বসন্তে-
গাছ ভরা ফুল আর কোকিলের কুহুতান, ভুলিনি আজ অবধি।

তবে কেনো এই সুর, ছেড়ে চলে গেলো পায় পায় হলো বাকহীন?
যার উল্লাসে সুর গেঁথে, গেয়ে যেতো গান- বসন্তী কুহুতান!
ফুলের মাছিরা আজ করেনা গুঞ্জন, সাদা মেঘমেদুর আঁধারে!
দিশাহীন হয়েছে যে নদী, কাশফুল ফুঁটে কি সে তটে কোনো দিন?

আমিও চুপটি করে থাকবো, ঠিক তুমি যে ভাবে আজ মুখঘুরে,
তোমাকে ডাকছে ফুল, ডাকলো পাখির দল- সাড়া দিলেনা একটু
কতক্ষণ যে দাঁড়িয়ে ছিলো তার কোনো হুঁশ নেই, সবে চলে গেলো
তুমি তো অন্যের প্রেমে অন্ধ তাই বলেছে সে দেখা করিবে পরে।

আমিও যে অভিমানী হবো তুমি পাশে গিয়ে ডাকবে ঝরবে নীর;-
কান্নার সাগরটায় ভাসবে তোমার দুটি চোখ, ডেকো ফিরে পেতে
সে দিন আর ভাঙাতে পারবেনা অভিমান, আমি শায়িত তুমি তো
কবরের পাশে আছো দাঁড়িয়ে, ভাঙবেনা যে এই অভিমান স্থির।

তুমি সাথে থাকলে

তুমি সাথে থাকলে- জীবনটা অন্যরকম হতো।
ভাল-খারাপ জানি না, পরিতৃপ্তি পেত।
শূন্য-হাত আর কালো-চোখে গ্রাস করে সে অসংখ্যবার।
অসহনীয় স্মৃতি থেকে পালাতেই, ভালো থাকার অহর্নিশ প্রয়াস।

তুমি সাথে থাকলে- দূরত্ব পেরিয়ে পালাতে হতো না নিজ ছায়ার।
যে ছায়াতে পড়ে না তোমার চুম্বন-
সে নিষ্প্রভ আলোর নিচে জ্বালা করে প্রাণ!
তাই আমি নতুন সূর্য খুজি প্রতি রাতে।
নতুন আলোর খোঁজে বুক বাঁধি প্রতি প্রভাতে!

নির্ভরতার শিখর থেকে ধাক্কা দেয়া জল্লাদ আমি-
মন কাঁদে, তবু হাত কাঁপে না।
প্রান অনলে দাহ দেখতে খারাপ লাগে, পরিতাপ আসে,
কিন্তু- উদ্ধারের বাসনা জাগে না!

তুমি সাথে থাকলে- হয়তো হতো অনেক কিছুই;
অথবা দিন শেষে বিবাগি- ঘর পালিয়ে রাস্তায়!
বেঁচে থাকার ভাষা হারিয়েও তাই, আশা বাঁচিয়ে রাখে।
নতুন করে তোমাকে আবিষ্কারের নেশায়-
হাজার এর ভিড়ে শুধু তোমার মুখশ্রী!

প্রথম প্রণয়

চপল আঁখি লজ্জায় আচ্ছন্ন
হৃদয়ে প্রেম প্রচ্ছন্ন।
প্রেম অজান্তে চুপিচুপি আসে
অথৈ সাগরে ভাসে।
রামধনুর সপ্ত রঙের ছটায়
ফুলের সৌরভ ছড়িয়ে
এই ধরিত্রীর বুকে জড়িয়ে
গভীর প্রেমের ভাবনায়।
উদাসী মন শুধুই খোঁজে

জন অরণ্যের মাঝে
স্নিগ্ধ বাতাসে অনুভব শুনি
মধুর স্পন্দন ধ্বনি।
মেঘলা আকাশে হৃদয় ভাসে
প্রকৃতির নীল আকাশে।
বিলাসী মন আচ্ছন্ন রাখে
স্বপ্ন ঘিরে থাকে।
প্রথম প্রণয়ের এমনই প্রত্যাশা
এটাই প্রথম ভালোবাসা।

শ্রাবণী

শ্রাবণী-ধরা পরেছো তুমি মোর প্রেমের জালে
হও যদি গো চিরসঙ্গী-ধরে রাখবো চিরকালে।
মোর মন-প্রাণ আজন্মকাল-দিলাম জিম্মি তুম ধারি
ধরে রেখো মোরে পাগলী-কখনো না দাও ছাড়ি।

তোমার কেশে-লাবণ্য রুপে-হারিয়েছি মন
নিঃশ্বাস তুমি বিশ্বাস তুমি-পরানের একজন।
শুনে যাও রাতের গভীরে-নীরবে ডাকি ভগবান
ধৈন্য ওহে সৃষ্টিকর্তা-যাহা করেছ মোরে দান।

মনের পাখি ডানা মেলে আনন্দে উড়ে হৃৎকম্পনে
তার বাসা তোমার অন্তরের সেই নিভৃত প্রাঙ্গণে।
ঝরা বকুল তোমার পরশে তাজা-দূরে গেলে ঝরে
আপনার আপন তুমি শ্রাবণী-তাই ডাকি নাম ধরে।

বেইমান প্রিয়া

সুখের টানে খুঁজে বেড়াই
সুখ খুঁজে না পাই,
জীবন যেন ঝরা পাতা
জীবনকে হারায়।
থোড়াই কেয়ার করে না কেউ
ফুলের মতো মনে,
পাপড়ি গুলো ঝরে পড়েছে
তারই বেইমানে।
স্মৃতির টানে আজও খুঁজি
স্মৃতির ছড়াছড়ি,
স্মৃতিগুলো আজ হারিয়ে গেছে
পাখির মতো উড়ি।
সেই যে পাখি উড়লো, আজও
ফিরল না তো আর,
জীবন তাই একলা কাটে
থমকে গিয়ে আবার।
কত সুন্দর সুখের স্মৃতি
মুছে গেল অশ্রু জলে,
ছলনার পর ছলনা করে
মিথ্যার ওই মায়াজালে।
সেই মিথ্যুক সেই বেইমান
তার জন্যই সব,
থমকে যাওয়া সময় আজ আর
করে না কলরব।
তার মিথ্যায় ভগ্নহৃদয়

বিশ্বাস হারিয়ে,
পুরনো যত স্মৃতি গুলো সব
দিচ্ছে ভাসিয়ে।
কান্নার সেই অশ্রুজল আজ
এক বিন্দু রক্ত,
হৃদয়টাকে ভাঙ্গার পরে
করেছে সে বিভক্ত।।

যে যাবার সে যাবেই চলে

যে যাবার সে যাবেই চলে; যাবে ভুলের দলে
থাকতে সময় ভুলে থাকে আগামীর ঐ তলে।
'ভাবেনা সে এমন ক'বে
হাজার বছর বেঁচে র'বে',
ডাক পরিলে যাবার পালা স্মৃতিরা সব গলে।

কথাগুলো তোলা থাক যত্নে

বলবো কি বলবোনা, দোটানায় দোলাচল,
কথাগুলো তোলা থাক যত্নে,
যতসব গাঁজাখুরি, কোন ব্যাটা বলেছিল,
"রতনে চিনবে খাঁটি রত্নে"!

মিঠে কথা খুব হল, ভিজলোনা চিড়ে তো!
পাততাড়ি গোটানোটা দরকার।
কথা যত খাঁটি হোক, ভবি তবু ভুলবেনা,
নিজগুণে মাফ কোরো সরকার!

নারী তোমাকে

বেহালার ছড় টেনে টেনে যে সুর ওঠে ধ্রুপদী রাগে
নারী তোমার চুম্বনে হৃদয় মথিত হয়
রক্তে ওঠে কোটালের টান
পুরুষ হারাতে বসে হিতাহিত জ্ঞান
পুরুষের দোষ কি তাতে!
তোমার মায়াপুরী লীলায়িত মন্থিত উষ্ণ মোহ বিন্যাসে
পুরুষ প্রতাপী হয় কর্ষিত উন্মাদনা শিরায় শিরায়
পুরুষের দোষ কি তাতে!
দেখেছ মেঘের গর্জনে বৃষ্টির মধুর পাদচারণ
ব্যাঙে সে কি উন্মাদনা
তুমি সারা শরীর উজাড় করে ভিজেছ কি বৃষ্টিতে!
যদি ভিজে থাকো, সত্যি বলো
খোঁজনি আপন মনে কোন পুরুষ নিজেকে লুণ্ঠিত হতে!
হে নীল প্রেম বসন্তের শিশির সিক্ত
পারিজাত ফুল গহর সিঞ্চিত মোহে
উর্বশীর উরু মনবীকায় নূপুর নিক্কণে ঘায়েল কত দেবতায়
উষসী প্রতিদিনের আকাঙ্ক্ষায় যৌবিক চেতনা।
সে তো মনুষ্য কুলের ও অধিকার
তবে কেন দোষারোপ, পুরুষ দুরাচার!
না, এ কোথাও কোন ভুল ভাবনার অস্পষ্টতা।
নারী তুমি সৃষ্টির মুলাধার তুমিই প্রকৃতি
তুমি চির সত্য তুমি চির নিত্য
তুমি আদিগন্তের শ্রেষ্ঠা, পুরুষ কেবল আনুষঙ্গিক ও প্রাসঙ্গিক
তুমি অবলা নও, ভুল বলে, তুমি দুর্গা।
আসলে তুমি অতি মাতৃ প্রবন, বেশী প্রেমিকাশ্রয়ী

তুমিই পারো হাসতে হাসতে ধ্বংস করতে
আবার শরীর ভাঙ্গা কষ্টে জন্ম দিতে
তাই তুমি প্রিয়া, তুমিই মাতা,
তুমি পিতরি সাহসিকতা এবং সহিষ্ণু।
সত্যি বলি তুমি লুণ্ঠিত হও,
এ কোন পুরুষের কাম্য নয়,
এ দুরভিসন্ধি কোন পাপ ও মস্তিস্কের বিকার বোধ।

সুখ

খাঁচার ভেতর বাঁচার চেয়ে
মুক্ত খোলা মাঠে
উড়ব আমি ঘুরব আমি
ফিরব না আর ঘাটে।

ঘাট পেরিয়ে মাঠ পেরিয়ে
অনেক অনেক দূরে
বাঁধন ছিড়ে উচ্চ শিরে
দেখব জীবন ঘুরে।

মূল্যহীনে স্বপ্ন বিনে
থাকব কেন বাঁধা
অবিচারের বন্দী খাঁচায়
আমরা কি সব গাধা।

অপেক্ষা

গা ছুয়ে যায় পাগলা হাওয়া
মন ছুয়ে যায় নীল ভোমরা;

জাগে শিহরণ গভীর রাতে
স্বপ্নে দেখা তোমার সাথে।

সেই দেখাতে প্রেম জাগে
প্রেমের জ্বালা বুঝিনি আগে;
যৌবন কালের অনুরাগে
আসে না ঘুম নিশি রাতে।

জেগে জেগে পত্র লিখি
কখনও তোমার ছবি আঁকি;
তোমার নামে নিঃশ্বাস লই
তুমি যে আমার প্রিয় সই।

মুখে তোমার চাঁদের হাসি
তোমায় আমি ভালবাসি;
তোমার চোখ কাজল কালো
আমার তুমি প্রানের আলো।

বন্ধু কবে আসবে পাশে?
কাছে বসবে মুচকি হেসে!;
বন্ধু কবে হবে দরশন?
হবে কবে প্রেমালিঙ্গন?

তোর মত করে

এখন আর তোর মত করে
ডাকে না কেউ মিষ্টি সুরে।
এখন আর তোর মত করে
কেউ বাসে না ভালো আমাকে।

এখন আর তোর মত করে
কেউ করে না শাষণ আমারে।
এখন আর তোর মত করে
কেউ তো করে না আদর-যত্ন আমাকে।
এখন আর তোর মত করে
কেউ কষ্ট পেলে মুখ লুকায় না এ বুকে।
এখন আর তোর মত করে
কেউ দেয় না এক বিন্দু ভালবাসা।
এখন আর তোর মত করে
কেউ আমায় বিশ্বাস করে না।
এখন আর তোর মত করে
কেউ তো করে না একটু অভিমান।
এখন আর তোর মত করে
কেউ আমার দুঃখ বোঝে না।
এখন আর তোর মত করে
কেউ করে না আমার জন্য অপেক্ষা।
এখন আর তোর মত করে
কেউ চায় না আমার পানে।
এখন আর তোর মত করে
কেউ তো রোজ, নেয় না খোঁজ।
এখন আর তোর মত করে
কেউ তো আর পাগলামী করে না...

ভাগ্যলিপি

আর ক্ষনিকের অপেক্ষার পথ চেয়ে নতুন
তোমার আমার পথ চলা-
দীর্ঘশ্বাস ফেলে সময়ের অলিখিত সীমানায়

বোঝার মত মন কোথায়?
বন্ধকী দরজায় ঠকাঠক ঠকঠক
এরই মাঝে টাট্টু ঘোড়া ছুটে, বাড়ছে আগামীর স্রোত
অতীত সকল জীর্ণ পুরাতন
পুকুর পাড়ে দাঁড়িয়ে একা
মাছ খেলা করে অগভীর জলে
আত্মসংযম নির্ভরতায়, অলীক সুখেই খেয়া-পারাপার
বেঁচে আছে তবুও, তোমার আমার কথোপকথন
এটাই বা কম কি, আহা কি অপূর্ব বিধির লিখন!

এক বছর ঘুমিয়ে ছিলাম

কী হবে কবিতা লিখে
কী হবে! যদি না তুমি পড়ো,
যদি না জানতে চাও তুমি
কবিতার মাঝে কী চায় কবি!
এক বছর ঘুমিয়ে ছিলাম
ঘুমিয়ে ছিলাম এক বছর আমি,
তোমার কথা ভাবতে ভাবতে
ঘুমিয়ে পড়েছিলাম এক বছর!
সেদিন ছিল ঊনিশ
ঘুম থেকে উঠে দেখি বিশ!
তুমি একটিবারও জানতে চাইলে না
সেই রাতে—
কী কারণে কবি ঘুমিয়ে গেলো
কী তার অভিমান ছিলো,
তোমার কথা ভাবতে ভাবতে
এক বছর ঘুমিয়ে ছিলাম!

কী হবে আর—
কীইবা আর হবে!
যদি না তোমার হৃদয়ে পৌঁছায়
কবির হাহাকার! যন্ত্রণা,
কী হবে আর ভেবে কবির কথা।
কী হবে আর—
দিয়ে মিথ্যে সান্ত্বনা,
যদি না তোমার হৃদয়ে পৌঁছায়
তার ব্যথার কথা!
থাক আর লিখতে চাইনা
নতুন কিছু— পিছু কথা,
তুমি সুখী হও
দিয়ে আমায় ব্যথা,
এক বছর ঘুমিয়ে ছিলাম
ঘুমিয়ে ছিলাম এক বছর আমি,
কী হবে আজ বলে সে কথা!

যদি ফিরে যেতে পারতাম

সময়ের পথে যদি ফিরে যেতে পারতাম
তারও অনেক আগে যখন হয়নি দেখা তোমার সাথে
শুধু খুঁজতাম, শুধু তোমাকেই খুঁজতাম
ভালোবেসে ধরব বলে ও হাত আমার হাতে।

আগে, আরও আগে, আরও আগে
দুজনের হলে পরিচয়
করে নিতাম হৃদয়ের অটুট বন্ধনে
মিলনের মালা বিনিময়।

তারপর ভেসে যেতাম, শুধু ভেসে যেতাম
এক অবসাদহীন অনন্ত মধু-চন্দ্রিমাতে।

বয়ে গেছে সময়ের যত স্রোত অনন্তে
জানি তারে যায় না আনা আর ফিরিয়ে
অনাগত স্রোত যত করে যেতে চাই অনুভব
জীর্ণ এ তরণী তোমার কূলে তাই ভিড়িয়ে।
যেন জাগিয়ে রাখে দুজনকে আরও কিছুক্ষণ
অনাগত স্রোত এসে মন্দ-মধুর আঘাতে।

তুমি আমার কথা

সুপ্ত তারার দিকে চেওনা
বৃক্ষ গুলো বলছে দেখো তোমায়
অপরূপ চিত্র মাঝে ফুটে ওঠা তুমি
মুচকি হেসে বলছে দেখো সবাই।
সবই তো শতরূপার রূপের বাহার
বুঝবে তুমি তখন
গভীর রাতে চাদের আলোয় বসে
সুপ্ত তারার সাথে বলবে কথা যখন।
শেষ পাতার গল্প গুলো অজানাই থাক
তোমার মনের কথা গুলো মিলিয়ে নিয়ো প্রিয়
অজানা কথাগুলো বলবো আমি
তোমার আমার সপ্তনীলের মাঝে,
কোনো এক গধুলী খনে সাগর পাড়ে।
গোলাকার পৃথিবীর বুকে সবচেয়ে বেশি আপন
তুমিই ছিলে মায়ের পড়ে জগৎ জুড়ে,
তোমায় নিয়ে স্বপ্ন গুলো পুরনো হবে

লাল পাহাড়ের মাথার মুকুট হবো যখন।
সুপ্ত তারার সাথে নিয়ে দুজন মিলে
ঘর বাধবো আধার আলোই
বৃক্ষ রাজি সাক্ষি রেখে
হাজার বছর একই সাথে বাঁচার আসায়।

তুমি আমার কাব্য

তুমি যখন কাছে এলে ভালোবাসার ডাকে
তোমায় আমি আগলে নিয়েছি আমার হৃদয় মাঝে।
ফিস ফিসিয়ে দুজন মিলে কথা বলা
আর আমার কাঁধে মাথা রেখে
নতুন ভোরের স্বপ্ন নিয়ে
দুজন মিলে সৃষ্টি মাঝে বসে থাকা
স্বপ্ন গুলো নিবির ভাবে গোড়ে তোলার আশায়।
ভয় ভিতি সব তুচ্ছ করে
দুজন মিলে কাছে আসায়
রূপ নিলো আজ সৃষ্টি মাঝে
নতুন করে তোমার আমার ভালোবাসা।
তোমার মনের কথা গুলো
আর তোমার দেখা স্বপ্ন গুলো
তোমার দিকে চেয়ে আমি বুঝতে পারি,
সাদ্ধ মত চেষ্টা করবো পূরন করতে
তোমার দেখা আমায় নিয়ে স্বপ্ন গুলো।
একটু সময় চায় আমি তোমার থেকে
ধর্য্য ধরে একটুখানি অপেক্ষা তুমি করো
আরতো মাত্র কয়েক বছর
চাকরিটা আমি যখন পাবো

তোমায় নিয়ে ঘর বাঁধার স্বপ্নটা তখন পুরোন হবে।
সৃষ্টি মাঝে বলবে সবাই তোমার আমার দেখে
বিধাতার নিজের হাতে গড়া সৃষ্টি মাঝে
তোমার আমার ভালোবাসা।
তোমায় আমি বলতে চাই
তুমিই হলে আমার শতরূপা
তুমিই হলে সৃষ্টি মাঝে আমার কাব্য কথা।

চলে যেতে দাও

সত্যি যদি কেউ চলে যেতে চায়, তাকে চলে যেতে দাও...
জেদ ধরে থেকে শেষ কালে যদি হারো, বেদনা তাহলে দুঃসহ হবে আরও।
কেউ ছুটে আসে বাঁধা টপকে, কেউ সেচ্ছায় যায় ছুটি...
কেউ আঁকড়ে ধরে প্রাণপণে কারোর বা আলগা মুঠি!
যে আসতে চাইছে তাকে দু'হাত খুলে মেনে নিও...
যে যেতে চাইছে তাকে কষ্ট হলেও বিদায় দিয়ে দিও।

প্রিয়তমা

মনে পরে প্রিয়তম তুমি মেঘ চেয়েছিলে কোন একদিন আমার কাছে
শুভ্র সাদা মেঘ আর একটু শিতল হাওয়া
দোল দিয়ে যায় কাস ফুলেদের গায়ে
সেদিন গোধুলী বিকালে তোমায় আমি বলেছিলাম
তোমায় আমি এনেদেব এক টুকরো রোদ
যা হার মানায় নীলিমার রূপ আর হিমালয়ের বিশালতাকে
আমি দেখেছি হিমালয়ের বিশালতায়
তোমার রূপের ঝলক

আজও আমি তোমার চাওয়া গুলো নিয়ে অপেক্ষায়
সেই সাদা মেঘে আজ ঢেকে গেছে আমার মন।
যদি রাত্রি আলোয় তুমি ফিরে পাও
তোমার সেই হাসি ভরা মুখ
ডাক দিয়ে বলো আমায়
তোমার সিঁথিতে সিদূর দিয়ে রাঙ্গিয়ে দেবো
যা রক্তিম সূর্যকে বা গোধুলী বিকাল কেও হারমানায়।
কিন্তু যারা গঞ্জে গাঁয়ে পঞ্চনার উজান বায়ে
যারা য়ারা রাস্তার পাশে ঘুমিয়ে থাকে
আগে যেন আমি তাদের মুক্তির পথ হই।

ধন্যবাদ

www.ingramcontent.com/pod-product-compliance
Lightning Source LLC
LaVergne TN
LVHW090432210926
848480LV00002B/798